AF275977

CON LA LUZ
DE LA TARDE
AMARILLA Y AÑIL

María Isabel Ruano Morcuende

COLECCIÓN ITES

CON LA LUZ DE LA TARDE AMARILLA Y AÑIL

© María Isabel Ruano Morcuende
© de esta edición: Olé Libros, 2025

ISBN: 979-13-87620-99-8
Depósito legal: V-4178-2025
Impreso en España

No se permite la reproducción total o parcial de este libro, ni su incorporación a un sistema informático, ni su transmisión en cualquier forma o por cualquier medio, sea este electrónico, mecánico, por fotocopia, por grabación u otros métodos, sin el permiso previo y por escrito del editor. La infracción de los derechos mencionados puede ser constitutiva de delito contra la propiedad intelectual (Arts. 270 y siguientes del Código Penal). Las solicitudes para la obtención de dicha autorización total o parcial deben dirigirse a CEDRO (Centro Español de Derechos Reprográficos).

KALOSINI, S. L.
Grupo editorial **olélibros**
equipo@olelibros.com
www.olelibros.com

A todos los que admiran la belleza del atardecer

NOTA DE LA AUTORA

Al atardecer, la luz llena el horizonte sea cual sea el paisaje en el que nos encontremos. Son los momentos mágicos que me reconcilian con la lucha, la tristeza y el día. En ellos me regalo unos momentos de sosiego en los que, y de puntillas, las emociones, la felicidad o el dolor pasan delante de mí como si todo fuera liviano, hermoso y fugaz.

Desnudarse siempre cuesta y más cuando se van cumpliendo los años y el tiempo va dejando sus marcas por el cuerpo. Desnudar al corazón cuesta aún más, en especial cuando la vida va dejando en él heridas y cicatrices que duelen con tan solo recordarlas.

El ser humano es universal por muy diferentes que nos creamos los unos de los otros. El sentimiento, el amor y el dolor son universales. Todos nos parecemos, todos nos hemos enamorado, sobresaltado, decepcionado. ¿Quién no ha sufrido una traición? ¿La alegría de un encuentro, de un regalo? ¿Quién no se ha dejado seducir por la belleza de un amanecer o la nostalgia de la tarde? ¿Quién no ha querido volar como los pájaros o ser espuma entre las olas del mar? ¿Quién no ha sentido el tremendo dolor por la muerte de un ser querido?

Los poemas de este libro están muy relacionados con el paso del tiempo, la luz, el color, la naturaleza y la búsqueda del equilibrio y de la serenidad.

Por todos estos motivos comparto estas sensaciones revestidas de versos.

María Isabel Ruano Morcuende

Septiembre amarillo

Septiembre me ha sorprendido
con la piel morena y
estrenando vestido.
Cruzando la pasarela del río,
con el verano huido.
El cauce sereno del río
con islas de arena y animales
confiados en sus nidos.
Con luz de verano
y vuelo tranquilo.
Con un aviso tenue de despedida,
comienzo y olvido.
Septiembre amarillo,
deja que tu luz me vista
de paz y optimismo.

Pájaro de luz

Si en la noche pudiera volar
con un pájaro de luz...
Si me llevara en sus alas
abrigada de plumas y luna,
blanca, amarilla y azul...
Si con su vuelo me alejara
de la cruel oscuridad...
Si pudiera cerrar los ojos
de la herida
que no termina de curar...
Si la mañana cultivara la dicha
al despertar...
Si todo esto pasara,
si el sueño se hiciera realidad...
Volvería a ser niña con cuna
de madre amorosa
que protegía mis días
del dolor y la oscuridad.
Pájaro alado,
¡enséñame a volar!

Con el cambio de hora de octubre

No sé si me regalan o me roban una hora.
Ignoro si la luz huye del amanecer
o se refugia en la tarde.
Si el silencio prolonga la mañana,
duerme pájaros o acalla la voz del río.
Sé que no me gusta.
Que mañana mis pasos de cotidianidad
estarán cargados de oscuridad y frío.
Que encontraré menos gente por el parque,
que los niños vendrán vestidos de sueño,
añoranza de cama y calor,
y que será más difícil comenzar a trabajar.
Que la prisa por llegar a casa será necesidad
y que el lunes de octubre será muy largo,
rota la luz de la mañana,
velado el paseo por el río
y oscuro el caminar.
Desde este otoño nublado,
este octubre roto de libertad,
me siento triste, mermada,
cosidas mis alas en añoranza de luz,
campo, playa y libertad.

Pájaros sin vuelo

Calma de pájaros sin vuelo,
cansados de lluvia y viento,
del frío en las plumas mojadas.
Descanso de ramas exhaustas,
troncos heridos, hierba pisada.
Animales escondidos
del ruido y la amenaza.
Caudal oscuro del río
que todo lo arrastra.
Silencio y calma.
Serenidad en la mirada.
Por momentos, cesa la lluvia,
la prisa, el temor y la mañana.
Lentos pasan los minutos,
el corazón se relaja.

ENTRE ACEITUNAS Y OLIVOS

Recorriendo los caminos.
Admirando setas entre los robles.
Descubriendo las formas de los troncos.
Imaginando los guiños de las hojas,
del silencio entre los árboles,
la luz desgranando los secretos,
la mirada y el camino.
Entre aceitunas verdes,
morados de troncos marchitos.
Entre aceitunas y olivos,
se esconde la tarde como un pajarillo.

La barandilla

Por donde sube y baja la escalera de la casa.
Por donde la mano resbala como quien acaricia con calma.
Por donde trepa el jazmín de la tierra a la ventana
para alegrar la mañana.
Barandilla de casa o terraza, de hierro y madera,
de mirador, de puesta de sol y mirada ilusionada.
Barandilla de barco que las olas abraza
buscando sirenas que llaman y cantan.
Barandilla del cuerpo, del sentir y la mirada
que en espiral hasta el alma se asoma y con lentitud baja.

Troncos y ramas

La nieve ha despeinado los cipreses de la ciudad.
Frágiles ramas apiñadas al tronco muestran ahora
su marginalidad.
Seguirán subiendo al cielo la plegaria
por todos los que no están.

Paréntesis mágicos

En los que, sin ver, estás viendo.
En los que, escuchando, no estás oyendo.
En los que creen verte y no estás.
En los que crees estar y no te ven.
Momentos en los que no existe nada ni nadie,
solo tú y el Más Allá.
Ese en el que eres espíritu capaz de levitar
sobre el asfalto y hasta el mar.
Momentos en los que la luz te llena
y su misterio puedes abarcar.
Sin abrir la boca ni mirar,
solo por ella dejándote llevar.
Sintiendo la profundidad de la vida
que, por momentos, se para y te deja volar,
allí y con quien quieres estar.
Esos paréntesis mágicos, entre el aquí y el allá,
me llenan de esperanza y de paz.

Pasan, se quedan o se van

El tren por la vía,
el barco en el puerto,
el baño en el mar.
El deshielo y la amapola,
el calor y la soledad.
La infancia y la aventura,
la necesidad de ser y estar.
Pasan los trenes sin destino,
se quedan los andenes vacíos.
Pasan los barcos por el mar.
Pasan las tardes amarillas
y desaparece la tempestad.
Se borran las huellas del camino.
Se desvanece la amistad.
Pasan las cosas que tienen que pasar
en el tiempo y en el lugar que están.
A penas se quedan los recuerdos,
la ropa y los trastos viejos,
palabras escritas desde el corazón,
la añoranza o el azar.
Lo único que no pasa
es la neccsidad de ser amado y de amar.
Pasa la vida, se queda el mar.

Los colores de los aromas

Blanco de sábanas tendidas al sol con aroma de jabón,
pueblo, bordados y amor.
Rojo de claveles y amapolas con aroma de mayo,
feria y campos de espigas sin segar.
Negro de humedad, largo túnel, luto,
figura ceñida en la sombra y olor a ambigüedad.
Verde que huele a hierba fresca, praderas y macetas.
A Federico García Lorca, riberas del río y primavera.
Amarillo de las abejas, del otoño dorado,
de narcisos y flores silvestres con aroma de taza caliente,
mirada de nostalgia y atardecer.
Naranja de zumo y mañana con sol radiante
y verano que espera impaciente su amanecer.
Morados y lilas de ropa que abriga, cantueso y lavanda,
olor de la casa a calor e infusión.
Azules de brisa, de mar y del cielo que nos ilumina,
que huelen a sal, lluvia, vida y amanecer.
Rosa que huele a chicle y a niña, a vestidos de infancia,
a ropa tejida con lana de abuela y manos queridas.
Arco Iris de la luz, magia del color, suspiros y dicha,
que filtran la tormenta con todas sus gamas de vida.
Aromas y colores me llenan de júbilo y esperanza,
alegran mi armario y mis días.

LO QUE MIS OJOS VEN

Desde el claro ventanal
se contempla la pradera,
el campo verde y libre
lleno de limpia hierba.
Y florecidos arbustos
y algunas viejas higueras.
Flores lilas, amarillas,
y alguna enredadera,
del jazmín abatido
por frío y la tristeza.
Las nubes escurridizas,
pájaros que se alejan.
La señorial montaña,
las jaras y escoberas.
Las abejas afanosas,
colmenas que las esperan.
La hierba fresca y alta.
El cielo que despereza.
Luz de mañana de mayo
en la dulce primavera.

Espera

Aguarda el jazmín
el aroma de la dicha.
Explora la palmera
la altitud del cielo.
La buganvilla mide
la inclinación que deja corta
la altura del tejado.
Aguarda mi cuerpo
el descanso y el placer
del calor, el amor y la playa,
del verano con sus frutas.
Las tardes largas,
los viajes y los sueños en calma.
Aguarda la lluvia el campo,
con paciencia de pájaro
que con miedo
duerme en nido robado
sin prisa por abandonarlo.
Aguarda mi corazón
su latir apasionado.

Renacer

Como pelusillas invisibles le van creciendo las hojas a los árboles.
Las mimosas, con la lluvia de febrero, han rociado el campo de amarillo.
Pronto brotarán los lirios y, por entre las ramas, los pájaros
harán sus nidos.
Si pudiera, enderezaría ese tronco retorcido
que a pesar de estar vencido se mantiene vivo.
Si pudiera, ayudaría a todos los troncos retorcidos
antes de que hicieran leña del árbol,
de los sueños e ilusiones de la vida, caídos.

Gotas de rocío

Gotas de rocío para la mañana,
gotas de rocío en mi caminar,
gotas limpias que iluminen
los sueños y el despertar.
Rocío, gotas de sanación
que abriguen el corazón,
del frío, la lluvia y el dolor.
Mañana de rocío
que aleja el desamor,
que limpia la tristeza
del corazón.
Gotas de rocío,
dadme la solución.
Acompañad mi camino,
vestidme de ilusión.

DISPONER

De una mesa,
un folio en blanco
y un boli para escribir.
Palabras acalladas.
Una ventana con luz
tenue o amarilla
para dejar volar la mirada
e iluminar el corazón.
Deseo postergado.
Una fracción de tiempo
robada y limitada
por la obligación.
Volar a tu alrededor.
Silencio de ruidos ajenos,
voces animadas,
dolor en el pensamiento
y de la angustia que no se va.
Acariciar tu cara.
Besar tu boca.
Navegar tu cuerpo.
Y sellar por siempre el amor.
Fragilidad de la tinta,
de la luz difusa
del papel y del tiempo que se acaba.
Vacío como la promesa eterna del amor.

LOS VERSOS QUE MÁS REPITO

Esos versos que filtran la luz que me acompaña
en la mañana, la tarde o a través de la ventana.
Esa luz que persigo y acaricio, la luz de la vida,
del amanecer, el atardecer o la esperanza.
La luz en forma de versos es la que más busco,
anhelo, repito y deseo.
La luz que me dé sentido y alegría,
la que llega directa al corazón.
Esa luz con matiz de entretela y pincel,
fotografía, destello y poema,
dibuja la caligrafía de mi verso repetido.
El acorde que serena, la compañía que no cansa,
el anhelo perseguido, la luz que guíe mis versos,
la poesía de la luz que danza el verso.

Detrás de la mirada de un autor

Se esconden muchos disfraces,
secretos y misterios que, poco a poco,
van vistiendo al maniquí del personaje
y desnudando al corazón del autor.
Con palabras, espacio, tiempo y situación
el personaje va tomando vida
hasta conseguir el protagonismo de la acción
en un relato, en una poesía o en una canción.
Tras la mirada del autor se deshacen telarañas,
se fraguan las pasiones, se condenan los hechos,
se desgranan los misterios de la vida y del amor.
Esa mirada es, a veces, el confesionario más noble
para dejar por escrito todo lo que nos hirió.
La incomprensión o el renacer justiciero
para dejar ir lo que más daño nos causó.
Armonía, estructura, verosimilitud.
Adornos y disfraces, sentencia y justicia,
búsqueda del consuelo o del perdón.
Historias que blanquean las paredes del interior.
Relatos que permiten la liberación.

INVISIBLE TATUAJE EN MI PIEL

Incrustado con el ADN con tinta difusa y aroma del ayer
lleva en su contorno los caminos recorridos
de los seres más queridos, sus consejos y doctrinas,
todo lo que con su ejemplo me hicieron aprender.
Su silueta en mancha ha desaparecido,
solo tú puedes ver el rostro del cariño,
las lágrimas del ayer, las tristes despedidas
y los anhelos de lo que pudo ser.
Invisible ante los demás cuando acarician tu piel
solo tú puedes descifrar ese contorno y esa mancha
difusa incrustada en la piel cuando el silencio
te llena y la luz del atardecer ilumina tu verdadero ser.

La trama de mi vida

Difícil de definir la trama de esta vida
en la que, según la época o la perspectiva,
los días se llenaron de luto y llanto.
(Demasiado dolor en pocos años...).
De silencio amurallado, de dificultades y sobresaltos.
Los días, iluminados con los años, fueron pasando
con sonrisas generosas, carreteras infinitas,
verdes prados, amor apasionado.
Locuras que solo por amor se van bordando
dando lugar a otros bordados
aún más bellos y amados.
De la trama queda el final sin desvelar,
mientras los años siguen pasando,
llevando flores al cementerio,
engarzando ilusiones con fracasos.
Remendando las heridas y, a ratos, disfrutando.
Llenando de luz las sombras del dolor y del pasado.

MI PUEBLO

El pueblo no es mi pueblo.
Era el pueblo de mi madre y de mis abuelos.
De la infancia, el corral y los misterios.
De los primeros amores y descubrimientos.
El pueblo de los veranos. La piscina, las bicicletas,
las calles empedradas, la pandilla y los retos.
El pueblo de la casa vieja, las herencias,
las escaleras y de los muertos.
Ese lugar que, sin ser, se lleva dentro
y ocupa tus desvelos.
Al que se quiere y añora,
al que se idealiza cuando estás lejos.
El que desdobla tus anhelos.
El que pone a tu identidad en quiebro,
para los de allí, eres de Madrid.
Para los de la ciudad, eres del pueblo.
El pueblo, siempre el pueblo,
en mi vida y los recuerdos,
con su casa, su corral, su paisaje,
sus fiestas y la señorial sierra de Gredos.
El lugar al que añoro y quiero.
El pueblo, siempre el pueblo.
El que, sin ser mío, como mío siento.

Un patio interior

El patio de mi casa se llama corral.
Corral de geranios y gallinas para de un lado
de la casa vieja al otro lado pasar,
de la luz a la oscuridad, del calor a cielo abierto
a la humedad, de la antigua bodega de aceite
que servía para almacenar patatas, higos y cacahuetes,
aperos de labranza, bombonas y trastos viejos
llenos de humedad.
El patio de mi casa es ahora un agradable lugar,
con la sombra de la parra, la esbeltez de la camelia,
la belleza de las calas y macetas, las trepadoras,
los nidos y leyendas de tesoros escondidos,
amores perdidos, lejanas canciones y el arrullo de grillos.
El patio de mi casa en la calle Real huele a piedra vieja,
pasado, tristeza, belleza y paz.

Hablar de nuestras cosas

Me cuesta imaginar una conversación entre nosotras,
de mujer a mujer, de hija a madre, de adulta a anciana,
de niña asustada a mujer sabia...
¿Cómo sería tu voz? Con pesar, no la recuerdo.
Eras mujer de pocas palabras y de muchos rezos.
¿Cómo sería tu pelo? Canoso, rizado. Antaño moreno.
Tus manos, en especial, sí las recuerdo.
Pequeñas y doctas para coser, dibujar, proteger
y sujetar los afectos.
Me encantaría contarte que he seguido tu señuelo,
amado tu tierra y tu pueblo. Conservado tu herencia,
tus libros y labores y que, a mi manera,
también rezo. Que escribo y dibujo
y que he hecho de la enseñanza mi oficio sincero.
Que sigo casada con un hombre austero y bueno.
Que mis hijos son el tesoro más tierno y bello.
Que sufro y me alegro por males y bienes
propios y ajenos.
Hablaríamos también de nuestros muertos.
Me gustaría decirte...
Pero no importa porque en esta luz de la tarde
y con este silencio, sé que me ves, que me estás oyendo.
Que nunca me has dejado sola, que mi voz de niña asustada
te dio fuerza para acunar el miedo,
el tuyo, el mío, el nuestro.
Y, aunque han pasado cincuenta años sin vernos,
sigues acompañando mis días, alegrías y desvelos.
Mi querida madre: María Morcuende Prieto.

Pupilas prestadas

Te prestaré mis pupilas dilatadas para que alivien tu oscuridad.
La claridad de mis ojos para iluminar esa noche eterna
por la que deambulan tus pasos inseguros y perdidos.
Te prestaré mis ojos cerrados y calmos
para que el sueño llegue ligero hasta ti.
La voz cantarina para acunar tu noche.
Las caricias de mis manos para mitigar el temblor de tu cuerpo.
Los brazos para cargar sobre mí tu vejez agradecida.
Te añoraré siempre y por siempre vivirá tu recuerdo fiel
en mi, herido por tu pérdida, corazón.

Regreso al tiempo del ayer

Si pudiera regresar desde ese universo desconocido
que en la vida, se dice, no tiene vuelta atrás...
Si me dejaran apenas unas horas y si pudiera viajar
a gran velocidad, lo haría al paseo de la finca
con los almendros florecidos, la mimosa llena de esplendor,
el laurel con el verde limpio de la lluvia.
La sierra con la nieve comenzando a fluir,
la estufa encendida y el silencio roto solo por el zumbido de las abejas,
mi perra lamiendo su vejez entre sus patas y
el crujir de las tejas y de la madera dilatadas por el calor del sol.
Vería los libros ordenados... ¡Cuántos tesoros de letras disfrutados
y qué pena todos los que en vida no pude leer!
La cerámica resplandeciente de luz, los jarrones con flores y
los rosales podados. La cama con las sábanas bordadas.
Los sombreros en el perchero aguardando el sol de agosto por los caminos,
las macetas agradecidas y el campo lleno de verde.
Puede que con emoción pudiera contemplar las fotos
de cuando éramos jóvenes y nos amábamos con la urgencia de la pasión,
o cuando mis hijos eran pequeños y se agarraban de las manos jugando
a descubrir los tesoros de la naturaleza llenos de magia y asombro.
Puede que incluso esa imagen se pudiera confundir
con el correteo alegre de otros niños fruto de la genética y del amor.
Puede que, con la forma de pájaro asustadizo, pudiera saludar
a mis seres queridos con canto o trino
o que, con un leve roce de mariposa, me atreviera a acariciar sus rostros.
Después y con la destreza del cuerpo inexistente,
capaz de levitar o desaparecer, bajaría al sur, al calor y el mar.
Me sentaría en su orilla y feliz me dejaría acariciar por las olas,
el agua salada y el susurro de la vida y del mar.

Loca

No me importa que me digan loca
en la mañana,
cuando, caminando por el parque,
saludo a las mirlas saltarinas.
Cuando sonrío a los pájaros
que buscan su alimento.
O dirijo la mirada agradecida
a los árboles, los rosales, las plantas.
A los charcos, los puentes y al agua
mansa del río estancada.
Mientras otros hablan por teléfono
a voz en grito, con una normalidad
socialmente aceptada,
y esparcen su intimidad sin recato
rompiendo el silencio de la mañana,
yo hablo con los pájaros
que se me acercan y clavan en mí
su mirada asustada.
No me importa que me piensen loca
como en su día a Pardo Bazán le llamaban,
o al bueno de Juan Ramón
cuando paseaba por el campo
y con Platero hablaba.
Porque en los animales encuentro
la más pura mirada,
la fidelidad más digna
y la austeridad más llana.
No me importa que me digan loca cuando
huyo de conversaciones vanas
buscando el silencio y la paz en mi alma.

Loca con mi diálogo del corazón,
con la naturaleza que me abraza,
con los pájaros que aligeran el peso
de mis alas quebradas.
Con los perros que corretean estrenando la vida
como si no hubiera un mañana
y con esos espíritus tristes que, junto a nosotros,
sin ser vistos, nos acompañan.
Loca de vida y de nostalgia.
Loca por ver por los rincones ocultos
los mensajes del cielo y el color de la esperanza.
Loca por creer que, con cada nuevo día,
renace la bondad y la belleza nos abraza.
Loca de soledad y de añoranza.

Tus versos y tus libros

He guardado tu libro en mi bolso.
Juntos hemos paseado
por el parque y por el río.
Me he parado en el puente,
cerrado los ojos y te he visto.
Con tu imagen han acudido
tus versos y tus libros.
La mirada inquieta,
la sensación de un largo camino recorrido.
El adiós inesperado, sin abrazos ni palabras,
con el alma a medio camino.
Contigo han acudido todas las ausencias
que bordean mi camino.
Antes de que el corazón sobrepasara
el límite del dolor permitido,
he abierto los ojos,
he sentido el fluir del agua,
de la vida y del río.
El sol de primavera agradecido.
La mañana de mayo,
la madera del puente
y un aleteo de pájaro huido.
Me he puesto a andar con paso decidido.
En mi mente resonaban los acordes del ayer
de tantos seres queridos,
los versos íntimos y tus libros,
los paisajes bellamente descritos,
las miradas y los días compartidos.
He visto al sol borrando nubes
y, como yo, con decisión,
siguiendo su camino.
Él hacia lo alto, yo cruzando el río.

Noche sin luna

Velada la casa
a oscuras y armonía,
salí sin ser vista
con el alma agitada
sin rumbo ni luz,
nada más la que
por el corazón me guía.
No temía la sombra,
el secreto ni la agonía.
Buscaba sin saberlo
la dicha del encuentro
pues sentía que él estaría
al acecho de la noche
por ver si yo aparecía.
No escuchaba el viento
ni a la ciudad dormida,
solo el palpitar agudo
del corazón cuyo destino,
aun sin saberlo, él conocía.
En el encuentro
de su risa y la mía,
de su boca y la mía,
de su dicha y la mía,
la luz como si fuera el día
resplandecía.

DESVESTIR LA CULPABILIDAD

Ducha rápida,
pijama de la familiaridad.
Olor de la cocina,
ropa sucia para lavar.
Sueño efímero.
Boca sellada,
mirada esquiva.
Huida del hogar.
Retroceso rápido de araña
alarmada por la inseguridad.
Ropa fuerte,
el peligro pasará.
Huele a cama,
comida, familiaridad.

Ladrón

¿Quién ha robado el color en mi armario?
¿Quién hace a mis labios diminutos?
¿Y a las arrugas, marcas en la piel?
¿Quién a las lágrimas rodar serenas en los sueños?
¿Quién ha puesto un velo de tristeza en la mirada?
Podría aventurar que ha sido el frío
y el viento del otoño,
los años cumplidos de mis hijos,
que abren sus alas y cargan mis horas de soledad.
Lo achacaría al paso inexorable del tiempo en el reloj,
su ritmo trepidante hacia el envejecimiento.
Pero, aun así, el abrigo es oscuro,
los labios están prietos de tristeza
y el alma velada de melancolía.
No es el frío ni el invierno,
ni la soledad acompasada de momentos,
ni las gotas cargadas de nostalgia,
ni la tarde ni los sueños.
Ha sido el desengaño, el ladrón
que viste mi cuerpo y mi armario
con la ausencia del color.

MI PEOR ENEMIGO

A mi peor enemigo le intuyo
en la cara seria, los labios prietos
y la mirada perdida sin saber en qué.
Se asoma sin avisar, nunca pide cita.
Primero con discreción, sin prisa.
Al verle se me nubla la sonrisa.
Se para a contemplarme.
¿Qué te crees tú, niña bonita?
¿Que te vas a librar de mis pesquisas?
Deja ya de soñar con gorriones y
cantos lejanos de ruiseñor.
¡Aquí estoy yo!
(afirma mientras saca punta al lapicero
que se adentra en el pensamiento y
llega hasta el corazón).
Noto su punta afilada.
Empieza a sembrar interrogantes,
a cuestionarse la lealtad,
a perfilar con contundencia la duda,
ennegrecida y subrayada.
Siento como se aprietan los dientes,
duelen incluso las encías,
desaparece el contorno de los labios,
muerta queda la sonrisa.
Se hinchan los párpados de tanto pensar
y parece que va a explotar la cabeza.
Necesito hacer un serio esfuerzo
para quebrar su pertinaz maquinaria.
Respirar y respirar para dejar de pensar.
Dar un salto, abrir la ventana y salir a pasear.

Me vacuno con sol y brisa,
con calles y río, con árboles del camino.
Dejo las nubes pasar.
Le miro a la cara, cruel enemigo, pensamiento obsesivo
disfrazado de conjeturas y racionalidad.
Serena, le dejo marchar.

Una sola vez

De usar y tirar, pajarita de papel.
Pañuelo de lágrimas
y remedio ocasional.
Amor del primer vistazo
que al doblar la esquina volará.
Sueños de la noche efímera.
Promesa adolescente
y juramento de fidelidad.
Bocado hambriento de dicha.
Vuelo de libélula en la noche.
Estreno de zapatos relucientes
antes de la calle patear.
Fotografía de un instante
en la retina, que olvidarás.
Promesa de amor eterno
que los días marchitará.
Aleteo y miedo del primer vuelo
y aquel sueño que no alcanzarás.
Solo una vez por instantes,
con vuelos de papel
que el viento arruinará.

Pantalones vaqueros del ayer

Muy ajustados, ceñidos a la piel.
Emblema de moda y vida,
símbolo de conquista y libertad.
Con ellos revoloteé por la era
jugando a ser la primera
en madurar y aprender
esos misterios ocultos
de los que nadie te hablaba,
pero avivaban al ser.
Intuición de campo y piel.
Intuición verdadera
cuya frontera de tela
no se podía traspasar ni ver.
Tacto de tela vaquera
que aprisionaba el deseo
con alas de libélula
revoloteando por caminos,
campos y miel.
Sonrío al recordar su tacto ceñido
sobre mi adolescente piel.

Sumar y no restar

Dos más dos son cuatro, familia, hijos y gato.
Dos por dos son cuatro, amores, fracasos y gazapos.
Cuatro lados tiene el cuadrado, habitación, casa y baño.
Cuatro esquinitas tiene la cama con los cuatro ángeles
de la infancia que rezando me cuidaban.
Cuatro son los años de los niños cuando descubren
el colegio, la magia, los amigos, las letras y el arte.
Cuatro décadas ascendentes tiene la vida que con vértigo pasan
y, con suerte, otras cuatro más hasta llegar a la ancianidad.
Si el tiempo no da tregua y los días no paran de sumar,
si se multiplican los problemas y si todo retorna a su lugar.
Si el ciclo de la vida empieza, sigue, muere y vuelve a comenzar,
por qué como niños no reímos, luchamos, jugamos,
nos levantamos y, aunque nos hagan daño, volvemos a sumar.
Pares y alegrías, emociones y volcanes,
habitaciones con ventanas a la sierra o al mar.
Nuevos amores, libros y gatos como pares de zapatos.
De dos en dos, sumando es mucho más fácil vivir,
ilusionarse y volver a reír. Para los cuatro días,
décadas o momentos buenos que vivimos,
no te olvides nunca que es mejor sumar y no restar.

Nana para la niña que hay en mí

A la nana nanita.
Niña bonita.
Duerme tranquila
que tu sueño lo cuidan
los ángeles y los días
que vivías cuando eras niña,
protegida y querida.
A la nana nanita.
Niña pequeña y bonita.
Tu corazón está a salvo.
Los ángeles lo cuidan.
Duerme feliz y tranquila.
Sigues siendo niña,
protegida y querida.
A la nana nanita.
Duerme feliz y tranquila.

Antes de partir

La bolsa ligera,
mejor si es de tela,
con cordeles y sin cremallera
para llevar pocas cosas.
Tan solo un destello de estrella,
un abrigo de sol,
un vestido de luna
y una camiseta de algodón.
Un cuaderno sin letras,
un boli y un rotulador.
Una foto hermosa
y un billete de avión,
de ida, pero sin vuelta,
al país de la ilusión,
al de la risa y el sol.

MUJERES Y RETAZOS

Inspirada en el poema de Cora Carolina.

Cada una de nosotras lleva en su ser un precioso bordado,
con la herencia de sus padres, abuelos y hermanos,
con los logros conseguidos, los amores sinceros o vanos
y los sueños conquistados.

Cada una de nosotras lleva también zurcidos amargos
por los desvelos que el dolor, la mentira y la traición
nos ha causado.
Rotos escondidos en algún lugar extraño con carmín
y sonrisas sabiamente disimuladas.

Cada una de nosotras lleva un collar de estrellas
con polvos mágicos, con caricias y con cariño engarzado.
Un blasón y un escudo para salir a diario a conquistar
nuestros derechos con tanto esfuerzo logrados,
para situar la frontera y que nadie pueda traspasarlos.

Cada una de nosotras lleva una mirada dulce de luna
para los más necesitados, un paraguas de lluvia y
un abrigo de sol enamorado, un racimo de ilusiones
y un rico sabor a café, fruta o helados.
Retazos de risa, nostalgias, anhelos y abrazos.

Juntas crecemos, reímos y lloramos.
Juntas avanzamos cada día, cada mes, cada año.
Y el ocho de marzo juntas salimos a la calle y festejamos
la vida, la lucha, el amor, la juventud y los años.
Somos una cadena de luz y de sueños conquistados.

Repliego las palabras

Ante ti, repliego las palabras
recogiendo alas para descansar.
Me cuesta guardarlas en el alma,
me gustaría que fluyeran descalzas,
sinceras, diáfanas de verdad,
sin temor a heridas ni vendajes.
No te gustan las palabras,
temes mi sinceridad.
Mantienes la mirada,
el gesto cansado,
duro el trabajo y demoledor
el monólogo interior.
Sufro cuando no me cuentas,
no hablas.
He agotado botes salvavidas,
buscado por cada pliegue
de tu rostro y expresión.
No eres hombre de palabras,
a mí que tanto me deleitan,
que saboreo los prefijos,
juego con los sinónimos,
adoro la adjetivación.
Busco la música entre su rima,
describo ensueños,
me enredan el corazón.
Acepto tu entereza,
escucho tu silencio.
Confío que la palabra *amor*,
tantas veces repetida,
la palabra *promesa*
y los susurros en la noche
sean ciertos y con ellos
recompongas mi corazón.

Señas de identidad

Si me preguntas por ellas,
claras referencias te puedo dar.
Sangre verata y ojos claros.
Firme decisión al caminar.
Heridas curadas en silencio
y en mi corazón bondad.
Libros y letras. Sinceridad.
Vestidos de luz y sombra.
Amante siempre del mar.
Madre, maestra y esposa.
Pájaro anclado a la tierra
con anhelo de volar.
¿Quieres también saber
mi carnet de identidad?

Si vas a venir

Trae contigo el laurel y las rosas.
El aroma austero del laurel,
el perfume de las rosas
y las espinas de la verdad.
Ensartado el aroma del huerto,
el árbol, la realidad y el rosal.
No mutiles las espinas,
forman parte de la vida,
me ayudan a comprender,
a perdonar.
No hay belleza sin espinas
y amapola en el trigal.
Si vas a venir,
trae contigo la sonrisa, la calma,
el olor del campo en primavera,
las gotas de lluvia que limpian el corral.
La mirada vestida de honestidad.
Si lo dudas, quédate en tu lugar,
recorre viejos caminos,
mira la tarde pasar,
aliméntate de lluvia y campo,
déjame a mí curar las heridas,
respirar libertad,
volver a empezar.

TRAS LA LLUVIA DE AYER

Hoy, el río era barro,
barco de hojas muertas.
Trayecto sin destino
hacia ningún lugar.

Los puentes eran hielo,
camino sin huellas,
madera blanquecina
peligrosa de pisar.

Los animales, ocultos,
dormitaban sueños de calor,
comida y libertad.
Nadaban patos en soledad.

Mi caminar entre la niebla,
musitando nostalgia y soledad,
era tranquilo y sereno.
Respiraba paz.

CUÁNTO ATA EL AMOR

No existe medida ni dimensión
para definir cuánto ata el amor.
Si pudiéramos hacer una radiografía
del sentir del corazón veríamos en ella
hilos invisibles de seda y dolor
que día tras día atan, ilusionan,
estrujan y aprisionan el amor.
Una medida de desvelos, temores,
impulsos y recelos que van
desde el ocre al negro.
Otra de alegría e ilusión
que abarcan todo el color,
que baña, limpia y mece al corazón.
El amor ata más que la raíz a la tierra.
Que el río al pez y la pared a la enredadera.
Más que el aire a los pulmones
que sin respirar se quedan
cuando nos falta el amor y su ceguera.
Aun sin contratos, anillos ni promesas,
el amor ata más que la piel al cuerpo
y que el fuego a la leña.

AROMA DE PRIMAVERA

Pétalos blancos languidecidos por la lluvia
que recogen su hermosura mirando a la tierra
en la que, saben, van a morir.
Flor de la jara que huele a resina
con semblante de espinas y gotas rojas
que recuerdan el dolor.
Cantueso morado que huele a infusión,
simula la imagen de las túnicas nazarenas
que, en silencio, están de procesión.
Troncos que se hermanan y consuelan,
dejando la semilla de lluvia de marzo
esparcida por el monte antes de su desaparición.
Amarillas las escoberas, polen de miel para las abejas,
romero lila, bierzo blanquecino que, entre los pinos,
alegran la vista en un cuadro impresionista de color.
Sube el aroma de la tierra desde su raíz hasta mi cabeza,
salpicada la mañana de primavera, el alma serena.
Al fondo y sobre el valle, rizadas las nubes
también besan la tierra,
antes de que el viento del cielo la despeja.
En la montaña, la niebla, que, por momentos,
se eleva, mostrando su ladera por la nieve
equivocada de marzo que la llena.
Alfombra de pétalos blancos sobre la piedra.
Apremia la lluvia, musita la primavera
con aroma de belleza.

El bosque de la edad

Adentrarse en el bosque
es ir perdiendo la noción del color.
Dejar que el cielo se esconda,
fundirse en verde y marrón.
Sentir la humedad,
el crujir de las ramas,
la caricia de la hierba.
Las agujas de los pinos
que aplastadas en la tierra
mitigan el afilado roce del dolor.
El tiempo se desvanece.
Crece el bosque,
avanzas despacio,
con la conciencia tranquila
sereno respira el corazón.

El calendario

En la casa de verano se quedó anclado el calendario
con sus hojas amarillas como si nada hubiera pasado.
En un tiempo de puertas cerradas, tempestad, hojas secas
y caminos anclados en polvo y piedras, recuerdos añorados.
Al regresar todo y nada había cambiado.
La mirada del tiempo congelada en las fotos y en los cuadros.
En amarillo y añil, blanco oscurecido por el paso de los años.
La chimenea sin hollín, las habitaciones vacías de risa,
los jarrones sin flores, ausencias en las mesillas
y como testigo el viejo calendario con sus fechas y sus números
evocadores del ayer, del tiempo que tintinea en la memoria
y que confunde el hoy con los sueños, el ayer con la memoria
y el futuro con el espacio vacío del nuevo calendario.

Fragmento del otoño que comienza

Recién lavados y tendidos los bañadores
añoro ya y sin retorno la sal y el cloro,
la arena y la tolla húmeda,
la sensación de ser acompañada
por peces y misterios, desafíos y conquistas,
riesgos y promesas de caracolas lejanas.
Lejos de la playa y de la brisa,
busco consuelo en la ventana abierta
que refresca mi casa.
Me dejo abrazar por esta luz de tormenta
con sabor a casa y otoño,
con la nostalgia herida de la libertad
que me regalan el agua y el mar.

Tu último título

Te has marchado sin escribir tu último título,
el que hubiese dado sentido a tu mutilada vida.
Nos han faltado brindis y abrazos,
tertulias y sonrisas, los proyectos,
la complicidad de las letras y miradas,
las cenas y comidas, los paseos, la celebración
de los cumpleaños y las risas.
Bebiste el elixir rojo servido en copa de vino.
Formaste una familia. Viajaste.
Pedaleaste fuerte en un desafío oculto contra la muerte.
El banco de la calle en el que te gustaba sentarte
a comer pipas nunca ha estado tan vacío.
Acudirán a él los pájaros de la tarde,
se pararán los niños, pasaré por allí y me detendré
a recordarte, pero nunca podré sentarme en él.
He rescatado las fotos de los encuentros
que aún brillan en la memoria.
Hacía sol aquellos días.
Hoy, la tarde de febrero, llueve,
causando más tristeza en tu despedida.
Allá en donde estés pon tu guiño de
fina ironía. Sonríe. Pedalea sereno,
la paz y nuestro cariño te guían.

EL AFÁN POR VIVIR

Arriesgan las urracas con sus saltos y sus vuelos
su vida en las carreteras cuando apenas el sol está saliendo
y los coches su rodar comienzan.
Buscan la carroña de seres atrapados bajo las ruedas.
Vuelan las cigüeñas buscando la comida para quien el nido calienta.
Aguardan las águilas con paciencia a los conejos que despiertan
y al sol salen y se calientan.
Por senderos de agua y flores, abubillas, codornices, gorriones
y estorninos también su alimento buscan y anhelan.
Comen, respiran, se arriesgan y vuelan.
Beben y descansan. Duermen, reponen fuerzas.
Con cada despertar el nuevo ciclo comienza.
Búsqueda y sobresalto, placer de la tripa llena.
Calor del nido. Sol de primavera.

COMETA DE LUZ Y SOMBRA

Cometa de luz y sombra
del atardecer de octubre
en el que nuestra amiga voló.
Se fue con el amor
pegado a su cuerpo y a su piel,
con la luz azul de sus ojos
difuminada en gris,
con su sonrisa blanca
clavada en nuestro corazón.
Soltar el hilo que te unía a la tierra
fue muy triste.
Nuestro corazón se llenó de dolor.
Pasea tu familia mirando al cielo,
buscando tu estela libre
de claro oscuro, silencio,
dicha y dolor.
Contemplan tu vuelo,
saben que, aunque frágil
la cometa, vive su recuerdo
por siempre en el corazón.

La paz que dejas

Cuando dormida te quedas en cualquier sillón,
me dejas tranquila respirar.
Admiro tus posturas similares a los bebés en su placidez,
recogida, fetal, amorosa, tranquila.
Tapando tu cara con las patas, buscando la oscuridad.
Pasado un rato me intranquilizas. Te busco,
te miro, me vuelvo a extasiar.
Me alegra cuando te desperezas y vuelves a trastear.
Me persigues, trepas, hurgas en las macetas,
todo lo husmeas, desbaratas, juegas
y, cuando estás muy cansada,
el ciclo vuelve a comenzar.
Tu descanso es un remanso de paz
para el orden de mi hogar.

GREDOS

Alarga sus brazos maternales protegiendo la comarca.
Brazos de roca milenaria con nieve en la montaña
y agua generosa en sus gargantas.
Eleva su cumbre con nombre de rey Almanzor
su turbante blanco, cara risueña y gesto protector.
Fuerte, estático, vivo y meditando
alarga su fortaleza hasta el valle, fértil y verde.
Con aroma de azahar, tomillo, helechos,
flores silvestres y muy variados cultivos.
Con palmeras y naranjos, higueras y olivos
adornando carreteras, casas, huertos y molinos.
Con robles milenarios que se elevan y rezan
por el valle hasta Gredos, con humildad y alivio.
En los campos, las cigüeñas cuidan de sus nidos.
Contemplo su abrazo generoso con humildad y alivio.
Me acompaña en la retina, forma parte de mi vida
y, agradecida, cuando regreso a la ciudad,
siempre le despido.

Las casas al anochecer

Colmenas con luz propia ajenas a los demás.
Refugio y consuelo para el frío y la soledad.
Pasos callados del día que regresan al hogar.
Sosiego y espacio cautivo que regala libertad.
Qué tristeza de gente sin casa a la que poder llegar.
Con pasos perdidos en su deambular.
Abrazo de casa caliente que doblega la pena,
recibe y te abriga de paz.
Contemplo la noche, la calle
y las casas de febrero frío
desde el confort de mi hogar.
Me dejo por ella abrazar.

Soy valiente

Desayuno la soledad con las galletas,
bebo la tristeza con el café.
Visto de color y saco de paseo a la sonrisa.
Busco la belleza en cada esquina
y fotografío ilusionada los guiños de la luz
por todos sus rincones.
Conduzco mi coche por curvas
de imposible geometría.
Camino descalza entre las rocas
y recorro las playas buscando libertad.
Solo a ratitos, me siento a descansar.
Agradezco cada día la luz y la bondad.
Curo con entereza las heridas
y las dejo cicatrizar al sol de la tarde.
Crezco cada día sin olvidar nunca
arropar por la noche a mi niño corazón.

Palabras sin escribir

Sin sílabas ni letras.
Palabras del alma, de la mirada que resbala.
Sin oraciones, ni cortas ni largas.
Con el silencio entre sí rimadas.
Palabras que son misterio al no ser pronunciadas.
Palabras que son tormento por lo que dañan.
Palabras del sol y de la luna que con la luz nos mandan
mensajes de esperanza.
Palabras convertidas en versos
que, por este libro, danzan
para por vosotros ser encontradas.

ÍNDICE